2022年江苏省主题出版重点出版物

水韵江苏 · 河湖印记丛书

水景印象

《水韵江苏·河湖印记丛书》编委会 编

河海大学出版社
HOHAI UNIVERSITY PRESS
·南京·

图书在版编目(CIP)数据

水景印象 /《水韵江苏·河湖印记丛书》编委会编
. -- 南京 : 河海大学出版社, 2022.12
(水韵江苏·河湖印记丛书)
ISBN 978-7-5630-8166-0

Ⅰ.①水… Ⅱ.①水… Ⅲ.①水利建设-风景区-介
绍-江苏 Ⅳ.①K928.4

中国国家版本馆 CIP 数据核字(2023)第 008578 号

示意地图说明:书中为手绘示意地图,特此说明。

书　　名　水韵江苏·河湖印记丛书. 水景印象
　　　　　SHUIYUN JIANGSU. HEHU YINJI CONGSHU. SHUIJING YINXIANG
书　　号　ISBN 978-7-5630-8166-0
策划编辑　朱婵玲　卢蓓蓓
责任编辑　陈丽茹　王　敏
责任校对　高晓珍
特约校对　唐哲曼
装帧设计　黄　煜
图文制作　源之堂
出版发行　河海大学出版社
地　　址　南京市西康路 1 号(邮编:210098)
电　　话　(025)83737852(总编室)
　　　　　(025)83722833(营销部)
经　　销　江苏省新华发行集团有限公司
印　　刷　南京迅驰彩色印刷有限公司
开　　本　889 毫米 × 1194 毫米　1/16
印　　张　9.5
字　　数　89 千字
版　　次　2022 年 12 月第 1 版
印　　次　2022 年 12 月第 1 次印刷
定　　价　89.00 元

前言

江苏因水而兴、因水而盛、因水而名，水是江苏的亮丽名片，也是江苏最鲜明的自然与人文符号。作为江海拥依、淮运贯穿、湖库繁翠的多水之地，河流湖泊滋养着江苏大地，擦亮了“水韵江苏”的地域文化品牌。在这片土地上，有太多的水利印记值得我们神游，有太多的河湖故事值得我们一读。

什么样的景观最打动人心？是雄伟绵延的建筑群呢？还是桃红柳绿的生态园林？有这样一批大地景观，它们的创造者是无数水利规划师、工程建设师，他们在10万多平方公里的地理尺度上布局河流、工程，既顺应自然，又利用自然，塑造了最具魅力、最有代表性的形象标识。这些景观不仅仅有水的滋育，更有文化的积淀，我们形象地称之为“水地标”。我们期待读者通过阅读《最美水地标》一书，用一种全新的角度去认知江苏的江河湖海、江苏的水。

滔滔奔流了两千多年的大运河，是中华民族独特的活态文化遗产，它见证岁月变迁，赓续中华文脉，是江苏的“美丽中轴”。古老运河在新时代需要以新的方式打开，江苏水利人借鉴“最美水地标”推选活动，于2018年联合多部门开展了“寻找大运河江苏记忆”活动，推出40个“最美运河地标”。我们尝试通过《运河记忆》一书来揭示千年深远时光中那些历久弥新的治水记忆。

如果想要深度体验和感受江苏的河湖水韵魅力，那么《水景印象》是读者不错的选择。我们按照水系脉络，串联起江苏特色水景观呈现给大家。它们有的湖面开阔、一览无余；有的湖中有岛、岛中有水；有的河流曲折、古桥跨越；有的水系变迁、环绕城廓；有的历史悠久、文化灿烂；有的菜花盛开、湿地摇橹；有的水产丰富、日出斗金；有的大堤挡洪，湖、堤、路、车相伴，招徕四面宾朋；有的大坝蓄水，山、水、村、人和谐，引来八方游客。借由这15条水利风景区精品线路，全方位描绘出一幅幅人水和谐相处的生动画卷。

江苏水文化源远流长，在创造了水利基础建设辉煌成就的同时，也促进了江苏水文化的大繁荣。长江水如何北上滋润齐鲁？抢险救灾如何实施？饮用水从何而来……若要探究这些问题，那么《水情教育基地》一书所收录的基地值得读者前去“打卡”，在可观、可知、可感中，让河湖文化成为大众的文化滋养。

《水韵江苏·河湖印记丛书》包括《最美水地标》《运河记忆》《水景印象》《水情教育基地》4册，书中所述是江苏河湖治理成就的浓缩和印记，也希望给不曾到过江苏的读者留下心生向往的印记。在丛书集结出版过程中，我们得到了许多领导、专家的帮助和指导，获得了许多志愿者的协助和支持，在此一并致谢，恕不一一列举。由于时间紧迫，书中内容难免有错误或遗漏，敬请读者不吝指正，以期更好。

编者

2022年12月

目录

故事千年传 故道千里远

黄河沿上，故道寻踪忆往事；景观堤旁，芳菲满目慨今朝。黄河夺淮是江苏水利史永远绕不开的话题，该条线路充分挖掘黄河治理积淀的水利风景资源，带领公众沿着千里故道畅游苏北，从源头大沙河一路踏至“江淮平原第一关”云梯关，传颂千年的“治黄”故事必定令人印象深刻。

1 丰县大沙河 → 2 徐州故黄河 → 3 泗洪古汴河 → 4 淮安古淮河 → 5 响水云梯关

第一站

丰县大沙河

被誉为“千古龙飞地，一代帝王乡”的丰县，两汉文明一脉相承，源远流长。大沙河自古人杰地灵，物阜民丰，具有独特的人文优势和资源优势。景区内建有丰县黄河故道大沙河湿地馆，对黄河演变的历史、湿地有关知识做了详细介绍。“春来梨花香雪海，秋至硕果飘奇香”，昔日“只长茅草不长粮”的大沙河荒滩，如今是“苍翠绿如海，林茂花果香，水清鱼儿跃，气爽鸟啼鸣”的水利风景区。

丰县大沙河水文化展示馆

大沙河

第二站

徐州故黄河

徐州市故黄河水利风景区是黄河故道的一段，上起西北丁楼闸，下至东南李庄闸，景区风光带全长16.4公里，亭廊轩榭错落有致，现代建筑鳞次栉比。沿河两岸分布着古黄河公园、黄楼公园、汉桥公园、显红岛公园及百步洪广场、兵魂广场等多个开放式公园。其中，临河而建的双层飞檐黄楼，气势雄伟，寓意镇水，“碧水柔波，不尽黎民厚意；黄楼明月，长留太守清风。”如今黄楼赏月已久负盛名。位于黄楼两侧的牌楼和古渡口禁碑，向人们展示着昔日京杭大运河上古黄河码头的风貌。以苏轼文化为主题的古黄河公园，则在喧闹的城市中为人们带来了一份宁静。“故道新景，一弯碧清；旖旎繁华，润泽生灵。”此外，张良墓道碑、镇河铁牛、明清古城墙遗址等，也散发着历史的光辉与魅力。

徐州故黄河

第三站

泗洪古汴河

开凿于隋炀帝大业元年的汴河与起源于春秋时期的濉河，是中原地区通淮达江的重要水道，然而历朝历代的战乱和洪水，使这条古老的黄金水道终告衰落。中华人民共和国成立后，泗洪一代代的水利人不断对老汴河进行综合治理，才有了今日城伴水、水相连的自然、人文、工程和谐统一的生态园。漫步在河堤之上，所见之景仿佛再现了往日被称为“泗州八景”之一的“隋堤烟柳”。若遇雨天，云霏雾绕，烟雨迷蒙，宛如一幅典雅秀丽的泼墨山水画；若是日出，碧水绕城，城水相依，仿佛行于翠绿之上，走于绿水之间。灯光水影，如梦似幻，泗洪的历史文化、传统特色和乡土气息在这里完美融合。

泗洪古汴河

| 第四站 |

淮安古淮河

淮安古淮河坐落在淮安市清江浦区。淮安古淮河文化生态景区依风光秀美的古淮河而建，两岸树木成林，桃红花艳，槐树飘香，意杨林立，碧水蓝天，白鹭翻飞，良好的生态环境和自然风光令人神往。古淮楼、中国淮扬菜文化博物馆、中国西游记博览馆、长荣大剧院、郎静山国际摄影艺术馆等一批工程文化景观遍布景区之中。置身其中，人们可以充分感受淮水、淮人、淮史文化。

淮安古淮河

| 第五站 |

响水云梯关

“云梯关外茫茫路，一夜吟魂万里愁。”位于盐城市响水县境内的云梯关原是古淮河入海口，素有“东南沿海第一关”美誉。明朝时，云梯关为苏北海防重地，驻兵防守。自清朝黄河改道由山东入海后，此处已不再驻军，但因屡有决堤泛滥之患，故河道总督等官吏仍常驻此督导河防工程，这些工程在20世纪40年代毁于战火，仅存“古云梯关”四字石碑一块。2010年，响水县人民政府复建禹王庙、望海楼、护碑亭等具有重要的历史文化价值的古建筑。

响水古云梯关

未来之约 明珠太湖

江南美，美就美在太湖水；满载一船秋色，平铺十里湖光。如果说揽月湾畔的漏湖水还只是探秘太湖的浅尝辄止，那么昂首湖光看不厌的梅梁湖、“太湖之肾”长广溪，还有历史悠久的苏州石湖、胥·浦·塘便是你不得不游的绝佳处。该线路精选 6 处太湖沿线主要水利风景区，与你相约太湖畔、展望新未来。

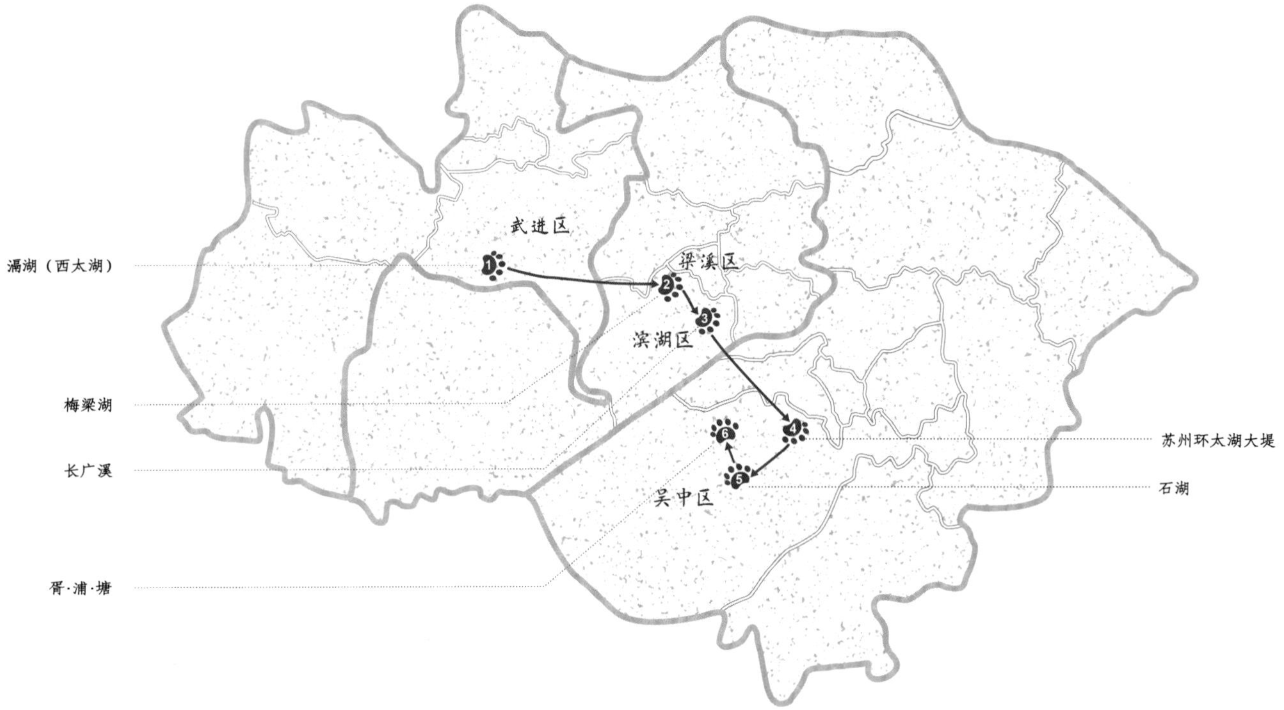

1 滆湖（西太湖） → 2 梅梁湖 → 3 长广溪 → 4 苏州环太湖大堤 → 5 石湖 → 6 胥·浦·塘

第一站

滆湖（西太湖）

滆湖（西太湖）水利风景区坐落于常州市武进区西太湖科技产业园核心区域，紧邻武进区行政中心。景区规划面积 18.1 平方公里，水域面积 15.1 平方公里，湖岸线 14.5 公里。依托滆湖、孟津河等河湖资源和滆湖北大堤、扁担河枢纽、场北河枢纽等水利工程，滨水廊道、文化广场、城市绿道、景观河道、郊野公园等特色建筑互联互通，构成一幅错落有致、层次分明的滨湖风景画，是长三角地区空气最好、水质最佳、景观最美的区域之一。

滆湖地区有着丰厚的历史资源积淀，民俗文化资源丰富。景区设置了中国花卉博览园自然馆、油灯博物馆、西太湖美术馆、刘海栗夏伊乔艺术馆等文化科普馆，集展览、收藏、研究、创作、交流等功能于一体。景区连续举办 7 届西太湖国际半程马拉松赛、13 届滆湖放鱼节，以及环太湖国际公路自行车赛、西太湖音乐节等国际性品牌活动和赛事，已成为常武地区环境口碑最好、文化氛围浓郁、广受市民和游客青睐的休闲度假旅游胜地。

滆湖

| 第二站 |

梅梁湖

无锡梅梁湖国家水利风景区是一个集水情知识普及、水文化展示、水科普宣教、水生态科研监测、湿地保护与修复、湿地观光体验和休闲游览等功能于一体的综合性景区，主要依托梅梁湖泵站枢纽工程、犊山防洪工程等水利工程，多年来发挥着城市防洪、排涝、航运、水资源保护、水环境改善及旅游等重要作用。十里芳堤贯穿渤公岛与犊山大坝，沿途分布渤公岛生态公园、鸥鹭岛、渔父岛、蠡堤、杨氏宗祠、中犊山、太湖仙岛等众多自然景观和人文景观，是无锡水文化经典之作。

梅梁湖

梅梁湖水利风景区全景

|第三站|

长广溪

长广溪

长广溪位于无锡南部，北起五里湖边的石塘山嘴，东邻大学城，西依军嶂山，南经南泉镇至吴塘门入太湖，全长约 13 公里，是连接蠡湖和太湖的生态廊道，被誉为“太湖、蠡湖之肾”。长广溪国家水利风景区在开发建设过程中，做足水文章，其水净化、栖息地、植被、科普教育展示四大系统俱全，堪称“水鸟天堂”“鱼类天堂”，已成为自然与人类和谐相处的典范。蠡湖直通太湖 10 公里的清水通道，也成为贯通太湖和蠡湖的一条“生态走廊”。如今，溪长水阔的长广溪，“溪水清清溪水长，溪畔两岸柳成行。碧峰飞虹映长广，重峦叠翠鱼米乡。”这里的风景处处彰显着无锡的人文水韵之美，已然成为江苏省一个重要的生态样板河湖。

|第四站|

苏州环太湖大堤

苏州环太湖大堤，东起太湖湖滨国家湿地公园大风车处，沿着入湖岸线，一直到光福镇渔港村与高新区的分界点为止，全线长约 30.6 公里，是一条集防汛防洪、旅游观光、体育健身、交通分流等功能于一体的公路。道路沿线旅游配套功能设施丰富，有国家 5A 级景点太湖湖滨国家湿地公园，是目前华东地区最大的集生态、休闲、娱乐、教育和科研等功能于一体的国家级湖滨湿地公园；有苏州胥口水利风景区，是国家级水利风景区，以胥口水利枢纽为基础，融防洪、排涝、引水、通航、环保、旅游等功能为一体；还有可容纳 2 万人的太湖新天地综合服务区等配套设施，适合开展文艺演出、体育健身、团建、路演、展示、博览、亲子等活动。

太湖湖滨湿地

环太湖大堤

| 第五站 |

石湖

石湖是以吴越遗迹和江南水乡田园风光见胜的水利风景区，是太湖风景名胜区的重要组成部分，有天镜阁、范成大祠、行春桥等景点，附近的上方山上还有楞伽塔、范家祠、潮音寺等景点。景区的配套设施齐全，文化底蕴深厚，是访吴越遗迹、赏田园风光的不二选择。

石湖

第六站

胥·浦·塘

苏州胥·浦·塘水利风景区由胥口水利风景区、七浦塘水利风景区和西塘河水利风景区三个部分组成，核心景区面积5.59平方公里，其中水域面积3.63平方公里。景区创新引入集群概念，以胥口水利枢纽、七浦塘、西塘河为核心区，拓展至阳澄湖，以胥江、七浦塘、西塘河三条轴带为链接，以胥口枢纽、西塘河枢纽、阳澄湖枢纽、江边枢纽四大水利枢纽为依托，统筹周边集镇、村落、公园等多个资源节点，形成了“一城一湖三带四景多节点”的空间格局。景区内绿植覆盖完善，植物与建筑布局错落有致。通过筹建苏州水文化公园、太湖水文化馆，结合伍子胥开凿胥江、范仲淹主修七浦塘、春申君黄歇兴修西塘河等历史人文景观，进一步普及水情教育，强化水忧患意识，全力打造传承水文化的亮丽生态名片，呈现人与自然和谐共生的精品水利风景区面貌。

最美家乡河·七浦塘

悠悠古今 秦淮百里

该线路以秦淮河水系作串联，既可欣赏武定门闸站、三汊河河口闸等现代水利工程雄姿，也可解锁武庙闸、东水关等古代水利遗存智慧，抑或驻足秦淮水文化科普馆、南京水利展示馆，品味浓厚水文化气息。

1 中山水库 → 2 秦淮河枢纽 → 3 东水关遗址公园 → 4 玄武湖 → 5 外秦淮河

第一站

中山水库

秦淮河，像一条玉带横贯古都金陵，她历尽世间兴衰，阅遍天地沧桑，与古都齐名。宋代张敦颐撰《六朝事迹编类》卷五载录：“其淮水名龙藏浦，源发自庐山，经溧水西北流，入江宁界。”其庐山为溧水东庐山——南京百里秦淮河源头，山上白云缭绕，山下碧波荡漾，峰奇浪秀，水色山光交相辉映。书中所说的“山下碧波荡漾”之处即是现在的中山水库。水源从山上的小小的井眼到碧波荡漾的中山水库，再辗转经过一干河、二干河最终汇入外秦淮河。如今的中山水库正成为宁杭生态旅游带上的一颗耀眼的明珠，溧水一张响亮的名片，吸引着四面八方的游客纷至沓来。站在大坝上远眺，苍山含翠，云遮雾绕，碧水荡漾，渔歌传唱，好似一幅怡人的画卷，令人如痴如醉，流连忘返。

中山水库

左图　东庐山
右图　水务展示厅

| 第二站 |

秦淮河枢纽

秦淮河枢纽在“中国第一历史文化名河”秦淮河的拥抱中，集山川之灵秀，享文学之昌盛，奏响江河安澜、绿色发展的最强音，赋予着秦淮河全新的生机与活力。景区依托武定门枢纽和秦淮新河枢纽，浸润金陵历史、秦淮文化等人文元素，建有秦淮流韵浮雕广场、秦淮水文化水科普展示馆、水情法治景观长廊等水文化景观和水利科普场馆，具有浓郁的文化氛围和鲜明的水利特色，成为人与自然和谐相处的载体、水利科普知识和法规宣传的阵地，是集水工程、水文化、水科学、水知识科普展示于一体的特色水利枢纽风景区。

上图　水韵秦淮展厅
下图　秦淮河枢纽“闸站相望”

第三站

东水关遗址公园

东水关遗址公园

东水关距今有一千多年的历史，曾经是古秦淮重要的交通枢纽，是秦淮河流入南京城的入口，也是南京明城墙唯一的船闸入口，秦淮河水流到这里便一分为二，一股顺城墙外侧流淌，成为护城河；一股穿关入城，是为十里内秦淮河。东水关遗址公园占地面积 4.15 公顷，由水闸、桥道、藏兵洞、明城墙四部分组成，充分体现了秦淮的历史特色。这里离南京夫子庙仅半里*之距，却丝毫没有喧嚣的市井之噪，有的是平静的老槐，古朴的“秦淮胜境”牌坊，其上镌有朱元璋与岳晨曦所撰楹联；余怀草亭立在东水关侧，亭中有明末文化韵味浓郁的石刻长卷《秦淮灯船歌》，其大段的华彩文字将秦淮夜景刻画得让人顿生身临其境之感。站在东水关遗址城墙的最高处，鸟瞰水关全景，颇有“一览众山小”的感觉，东水关雄伟壮丽的景色尽收眼底，秦淮河水静静流淌，诉说着千年的历史传奇。

*里：古代长度计量单位，一里等于 500 米。

第四站

玄武湖

玄武湖古名桑泊、后湖，东枕紫金山，西靠明城墙，已有两千三百年的人文历史，是中国最大的皇家园林湖泊，被誉为“金陵明珠”。景区分为五洲（环洲、樱洲、菱洲、梁洲、翠洲），洲洲堤桥相通，浑然一体，处处有山有水，历代文人骚客、政要名流都曾在此留下身影，皆为后人传为美谈。景区内的武庙闸为省级水利遗产，是秦淮古河道的一部分，南京城南北水系由此连通。闸身始建于明洪武年间，见证了明代建城史和水利工程发展史，至今仍在南京城市调蓄、主城水系沟通方面发挥着重要作用。配套建设的武庙闸历史文化展馆，全面展示了玄武湖与南京城水系的历史变迁，传播水文化历史、水资源保护等知识，成为市民游客了解玄武湖以及南京城市山水城林格局的重要窗口。

左图　武庙闸
右图　古湖神庙

玄武湖水利风景区全景

第五站

外秦淮河

外秦淮河水利风景区横跨南京雨花台区、秦淮区、建邺区、鼓楼区等四个行政区，呈半环城条带状，涵盖外秦淮河水域及其两岸50~100米的空间地域。在秀丽优美的自然风光方面，不仅有长江、秦淮之水景，还可在景区内基于不同视角远观钟山、老山之山景和江心洲、古林公园、清凉山公园、白鹭洲公园之林景；在底蕴深厚的人文景观方面，既有秦淮文化的非物质景观相依托，又有双孔护镜闸、水利展示馆等现代工程建筑和都城遗址、明代城墙、中华门城堡等历史建筑的物质景观相点缀。尤其是河口闸“龙”的意象特征体现了中华民族独特的精神标识，承载了秦淮河古名“龙藏浦”的历史底蕴，其亚洲首例、世界稀有的大型“双孔护镜门”闸型又集中体现了现代水利工程高超的建筑艺术，与邻近的“世茂滨江”现代园区滨江大道（南京的外滩），共同构建出滨江风光。景区内的水利展示馆不仅展示了南京水文化史上重要的历史事件或水利技术，还巧妙融汇了多种世界上最为先进的现代化高科技水利技术。

秦淮河、长江交汇处

外秦淮河全景

外秦淮河 · 三汊河口闸
雪景

南京水利展示馆

江南语 运河谣

千百年来，古运河静静流淌，文人墨客游历其上，留下意境隽永的诗谣，该线路将带领人们跟随古代诗人，伴随着吴侬软语，邂逅甜美的江南运河。

万马白荡
江南古运河清名桥段故道
惠山古镇
黄埠墩
梁鸿
惠山区
梁溪区
新吴区
1
2
3
4
5

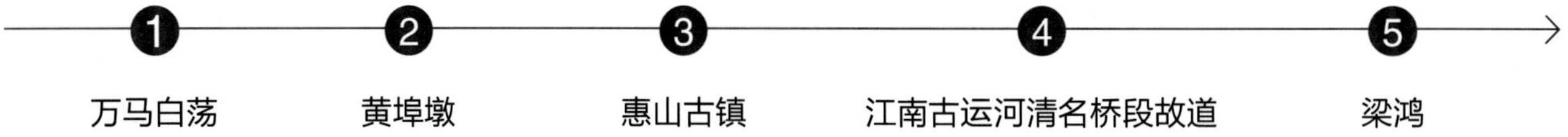
1
2
3
4
5
万马白荡
黄埠墩
惠山古镇
江南古运河清名桥段故道
梁鸿

| 第一站 |

万马白荡

无锡万马白荡水利风景区位于无锡市惠山区洛社镇，是太湖流域典型的平原水网圩区之一，规划总面积约3.81平方公里，其中水域面积0.6平方公里，形成了典型的曲流、浅丘、湿地等奇特地貌，保存了最完好、最原生态的江南水乡田园风光。

景区以生态保护与水资源协调利用为原则，形成“一区、两环、三基地”：度假婚礼体验区，通过水上婚礼礼堂、水上露台，为新人一站式打造特色唯美婚礼场景；水上风光环线以环白塘慢行道来连接景观桥涵、亲水平台、天鹅雕塑、文创码头、洛社老八景，以水串景，展现水乡风韵；田园风光环线以17个自然村落、50个家庭农场为景点，将原有的村道改、扩建，形成一条10公里的田园风光环线；农业种养殖基地，主打果蔬基地、葡萄基地和水稻基地，通过大力推广高效节水灌溉技术，打造节水型灌区和高科技农业示范产业园，同时深挖农业与当地历史文化，使传统和现代农耕文化得以整合，推出了农耕体验、托老养老等项目。

漫步在万马白荡水利风景区，白荡湖水清澈明丽，湖畔风景秀丽，花红柳绿，踏着干净整洁的青石板小路，悠悠前行，江梓楼青瓦黛墙，雕梁画栋，闲静清爽。站在万马白荡边远眺，蓝天白云之下，艳阳和风之中，只见波光荡漾，原野广袤，芦荡幽深；水面上，鸟儿飞翔，满塘翠影，万点荷红；人文景观与自然景观互相融合，水桥相通，水木相映，水亭相照，优雅别致，宛若天成。

万马白荡水利风景区

| 第二站 |

黄埠墩

黄埠墩

黄埠墩位于北塘运河中流，原名“小金山”，又称“天心”。相传为楚相黄歇疏通芙蓉湖留下的水位标志，又传为吴王夫差浚治芙蓉湖，楼船鼓吹，游燕之所。清高宗驻跸于此，有“两水回环抱一洲，不通车马只通舟；到来俯视原无地，攀陟遥吟恰有楼”。黄埠墩小而圆，周约半亩*。中楹为佛殿，周廊四周有文昌阁、水月轩、环翠楼、小金山等。宋文天祥过此作诗：“金山冉冉波涛雨，锡水泯泯草木春。二十年前曾去路，三千里外作行人。英雄未死心先碎，父老相逢鼻欲辛。夜读程婴存赵事，一回惆怅一沾巾。”黄埠墩占地面积约 226.6 平方米，岛上建筑有南水仙庙戏台，为移建之物，其建筑结构是三开间一进两层的砖混结构。黄埠墩所处的地理位置十分重要，它的北面曾是无锡近代史上第一座钢铁桥梁“吴桥”。从前，人们从无锡的北面去往惠山，必须从黄埠墩乘坐摆渡船才能过河，因运河的水面辽阔，黄埠墩是渡船在运河中间的中转站。1917 年吴桥建成后，黄埠墩才渐渐失去了中转站的功能。无锡民间流传着这样一首歌谣：“龙山脚下浪滚滚，滚滚浪里黄埠墩。湖里水涨墩也涨，湖里水发墩不沉。”说的就是黄埠墩千年不沉、万年不被水淹的神奇传说。传说中的黄埠墩，是驮在一条黄鳝精的脊背上的小岛，运河水涨墩起，大水淹不了它。而这条黄鳝精之所以对黄埠墩这样小心保护，是因为很久以前住在这个岛上的一位老婆婆曾救过它的命。千百年来它以性命守护着这座小岛，所以黄埠墩即便处在运河的中央，却始终不会被潮起潮落的河水淹没。20 世纪 50 年代，为了疏通古运河航道，人们曾计划将这座水中的孤岛炸毁，后来被有关部门制止了。1981 年，无锡南门外水仙庙的戏台被拆除后搬到了黄埠墩，形成了今天黄埠墩的格局。现在墩上建有望山楼、文天祥诗词碑、蓬莱门等景观，在二层主阁中悬有“正气长存”“千古留芳”的匾额。

---

*亩：土地面积计量单位，一亩约为 666.7 平方米。

| 第三站 |

惠山古镇

惠山古镇历史悠久，古迹众多，文化底蕴丰厚，号称“无锡历史文化的露天博物馆”。上自新石器时代，下至近现代，惠山古镇的文化遗存及历史性建筑比比皆是，并有国家、省级和市级文物保护单位25处。惠山古镇已发现118处历代祠堂建筑和重要遗迹，汇集了自唐代至民国时期的80个姓氏，180个历史名人，其数量之多、密度之高、类别之全、风貌之古朴，为国内所罕见，引起社会各界的极大关注和兴趣，今后必定成为探胜访迹、寻根文化体验互动、感悟先贤道德哲理、了解中华民族传统文化丰富内涵之源。

2006年6月，国务院批准并公布惠山古镇祠堂群为全国重点文物保护单位。惠山祠堂中的华孝子祠、至德祠、尤文简公祠、钱武肃王祠、淮湘昭忠祠、留耕草堂、顾洞阳祠、王武愍公祠、陆宣公祠、杨藕芳祠等10座祠堂为全国文物保护重点祠堂建筑。尘封隐迹半个多世纪的“拜石山房记”“东壁碑”“西壁碑”“浴日泉”等一大批珍贵石刻文物、古迹也在修复中得到保护和传承。

惠山古镇寄畅园

| 第四站 |

江南古运河清名桥段故道

江南古运河水利风景区坐落于无锡市梁溪区，规划面积 4.69 平方公里，其中，水域面积 0.75 平方公里，为城市河湖型水利风景区。

景区以古运河、环城河、江尖水利枢纽工程为基础，依托优越的城市环境、自然生态、人文景观，以及独具地方特色的运河文化，打造了清名桥历史文化街区、南禅寺、运河公园、江尖公园等著名景点。运河两岸生态环境宜人，水城相映成趣，风景如诗如画，特别是在从南长桥至清名桥 1.6 公里长的古运河段中，寺、塔、河、街、桥、窑、宅、坊等众多空间元素有机组合成一幅鲜活的“清明上河图”，古运河清名桥段也被誉为“江南水弄堂”。

清名桥历史文化街区

第五站

梁鸿

梁鸿水利风景区

无锡新区梁鸿水利风景区位于无锡市新吴区鸿山街道占桥路 80 号，景区属于湿地型水利风景区，规划总面积为 2.3 平方公里，其中，水域面积约 0.67 平方公里。景区依傍伯渎河，东邻漕湖、鹅真荡，西望太湖，南傍望虞河。伯渎河是太湖入湖河道之一，是无锡市区主要引排河道之一；望虞河连接太湖与长江，是“引江济太”的唯一清水通道。景区以区内发达的水系为依托，通过疏浚整治河道、恢复植被、退渔退耕等工程，营造水景观，充分挖掘水利资源。梁鸿水利风景区所在的鸿山是吴文化的发祥地，有着三千二百多年历史的吴越历史遗存，有泰伯三让的至德精神，还有梁鸿、孟光举案齐眉的爱情文化等。梁鸿水利风景区充分利用景观小品、雕塑、桥梁等载体，诠释吴地文化和梁孟爱情文化的精髓，让游客在体验美好生态环境的同时，经历文化的熏陶。

彭都重生 伴山伴水

该线路串联潘安湖、金龙湖、丁万河等，展现徐州从“一城煤灰半城土”到“一城青山半城湖”的蝶变，正如古城曾屡淹屡建，经过千年洗礼，在现代水生态治理理念的引领下，彭城将迎来重生。

1 凤鸣海 → 2 潘安湖 → 3 金龙湖 → 4 云龙湖 → 5 丁万河

|第一站|

凤鸣海

凤鸣海位于徐州市贾汪区东部，景区以凤鸣海水利工程景观、泉水等水文景观、大洞山地质地貌等地文景观和茱萸寺等文化景观为依托，由凤鸣谷、蛟龙湖浪漫峪、花海、闫山山体公园、飞行家园等区域组成。凤鸣石是凤鸣海景区的标志性景观，石高约 13 米，宽 8 米，如龙凤相依相偎，似龙凤凌空飞舞，为景区代表性景观。

凤鸣海水源工程

凤鸣海花海

|第二站|

潘安湖

潘安湖位于贾汪区西南部，因传说中美男子潘安曾在此寄情山水而得名，是“基本农田再造、采煤塌陷地复垦、生态环境修复、湿地景观开发”四位一体的湿地型水利风景区，自然环境清静幽美。由采煤塌陷地恢复而来的历程反映了徐州人民对修复生态、建设家园付出的努力，极具代表意义。2017 年 12 月 12 日习近平总书记视察徐州亲临潘安湖，在神农码头上，夸赞贾汪转型实践做得好，现在是“真旺了”。

潘安湖全景

| 第三站 |

金龙湖

碧水清波的金龙湖坐落在青山绿水环抱的宕口公园中，十多年前那里曾是荒凉的废弃采石场，如今已蝶变为美丽的人间仙境。金龙湖水利风景区包括春、夏、秋、冬4个游览区，12个景园，一岛一堤和3个广场，3.7公里长的滨湖观景带让人流连忘返。珠山宕口公园利用开采的荒山，本着修复生态、覆绿留景、凝练文化、推动经济的设计理念，变废为景，成为国内首例宕口公园，是徐州市水生态修复治理的标杆工程。

金龙湖宕口公园

| 第四站 |

云龙湖

云龙湖位于徐州城区西南奎河上游，又名“石狗湖”，素有徐州“西湖”之美誉。景区山清水秀，风光如画，文物古迹众多，有汉画像石馆、汉墓、刘备涌泉、水上世界、生态岛、十里杏花、滨湖公园及苏公塔等许多景点。湖光山色，相映生辉，一条玉带般的湖中路，把湖面分成东西两湖；环湖路依山顺堤，宽阔平坦，锁绕一湖碧水。临湖而立，三面青山，叠翠连绵，烟波浩渺，尽收眼底。沿湖而行，岸草如茵。东岸春景、南岸夏景、西岸秋景、北岸冬景，四季风光层次鲜明，异彩纷呈。

云龙山水

| 第五站 |

丁万河

丁万河位于徐州市鼓楼区北部，西连故黄河，东接京杭大运河，全长 12.5 公里，流域面积 27.5 平方公里。丁万河曾是清康乾年间黄河的分洪道，名水线河，1984 年重新开挖，形成现在的河道。后由于长期的工业环境污染，丁万河沿线出现了惊人的“脏乱差”现象，经过政府的不懈努力，已将其治理成徐州人民的“最美家乡河”。景区沿线主要景点有治水名贤广场、“龙施雨沛”水车、丁万河水博馆等，沿河还分布着楚园、丁万河公园、劳武港公园、两河口公园，遥望着九里山、青山；附近还有龟山汉墓、黄河故道、九里山古战场、“五省通衢”文庙等历史遗迹和文化景点。

丁万河·战神广场

俯瞰丁万河

天目放歌
平桥坝起

该线路通过一号公路把沿线特色各异的水库串珠成链，漫步在群山环抱中的桃树岕水库、沙河水库、平桥石坝等，绿意盎然、养眼醉心，别具一番游赏韵味。

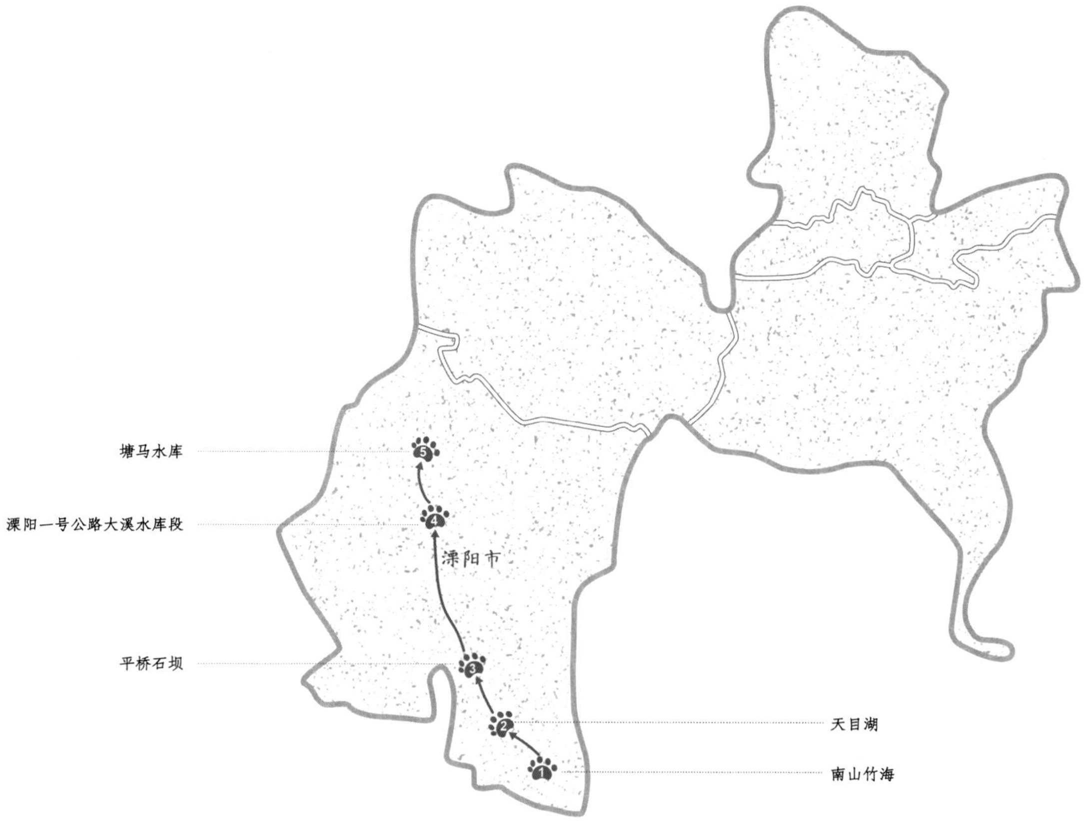

1 南山竹海
2 天目湖
3 平桥石坝
4 溧阳一号公路大溪水库段
5 塘马水库

第一站

南山竹海

南山竹海坐拥万亩翠竹，青山秀美、竹海壮阔、静湖澄澈，独显青山绿水之诗意和神韵，是一处风景如画的风雅之地。景区以竹文化、寿文化为底蕴，比邻御水温泉等知名景点，是养生、戏水、静心的好去处。

南山竹海

南山竹海索道

第二站

天目湖

天目湖素有“江南明珠”之誉，依托大型水库、省级水利遗产——沙河水库而建，秀美、野趣、“三绝”是其三大特色，“茶香、水甜、鱼头鲜”号称“天目湖三绝”。知名景观包括山水园、龙兴岛、报恩禅寺、状元阁、江南街市等。观一湖而知江南，天目湖已成为华东自然旅游环境最好的景区之一，成为江苏水利风景区中的一张响亮名片。

上图　暮色下的天目湖
下图　沙河精神展览馆

| 第三站 |

平桥石坝

平桥石坝位于溧阳市天目湖镇平桥村，它是中国最大的非钢筋混凝土水库大坝，亚洲最大的浆砌石拱坝。该坝由无数块整齐的长方形山石浆砌而成，整体造型奇特，建筑工艺高超。每当发水季节，山水浩荡涌来，从溢流孔中倾泻而下，形成一道宽 40 米、高 20 多米的瀑布，置身于此情此景之中，让人直叹“飞流直下三千尺，疑是银河落九天”，磅礴水景美不胜收。平桥石坝入选《江苏省不可移动革命文物名录（第一批）》。

平桥石坝

| 第四站 |

溧阳一号公路大溪水库段

溧阳一号公路又名“彩虹公路”，以三山（南山、曹山、瓦屋山）两湖（天目湖、长荡湖）为中心，连接溧阳市 220 多个乡村旅游景点，是首批江苏省旅游风景道之一。其中，大溪水库段水杉成片、芦苇成群、沙鸥翔集、美不胜收。

溧阳一号公路

第五站

塘马水库

塘马水库东望长荡湖，北倚瓦屋山自然风景区，水库南侧的塘马村，已成为溧阳市重点打造的旅游线路——“一号公路”上的著名景点。景区人文景观丰富，拥有水库风光、新四军纪念广场、原乡花海、稻梦空间、鲜果美林采摘园等诸多景观节点，是品尝常州美食、感受红色水文化的好去处。

左图　塘马水库·稻梦空间
右图　塘马水库·多彩湿地

心驰天堂
江岸潮平

该线路从国家水利风景区张家港环城河起步，贯穿重要水利枢纽、水利遗产等长江水文化精品，打开了“天堂”苏州婉约精致的另一面，诠释着长江大保护的决心和信心。

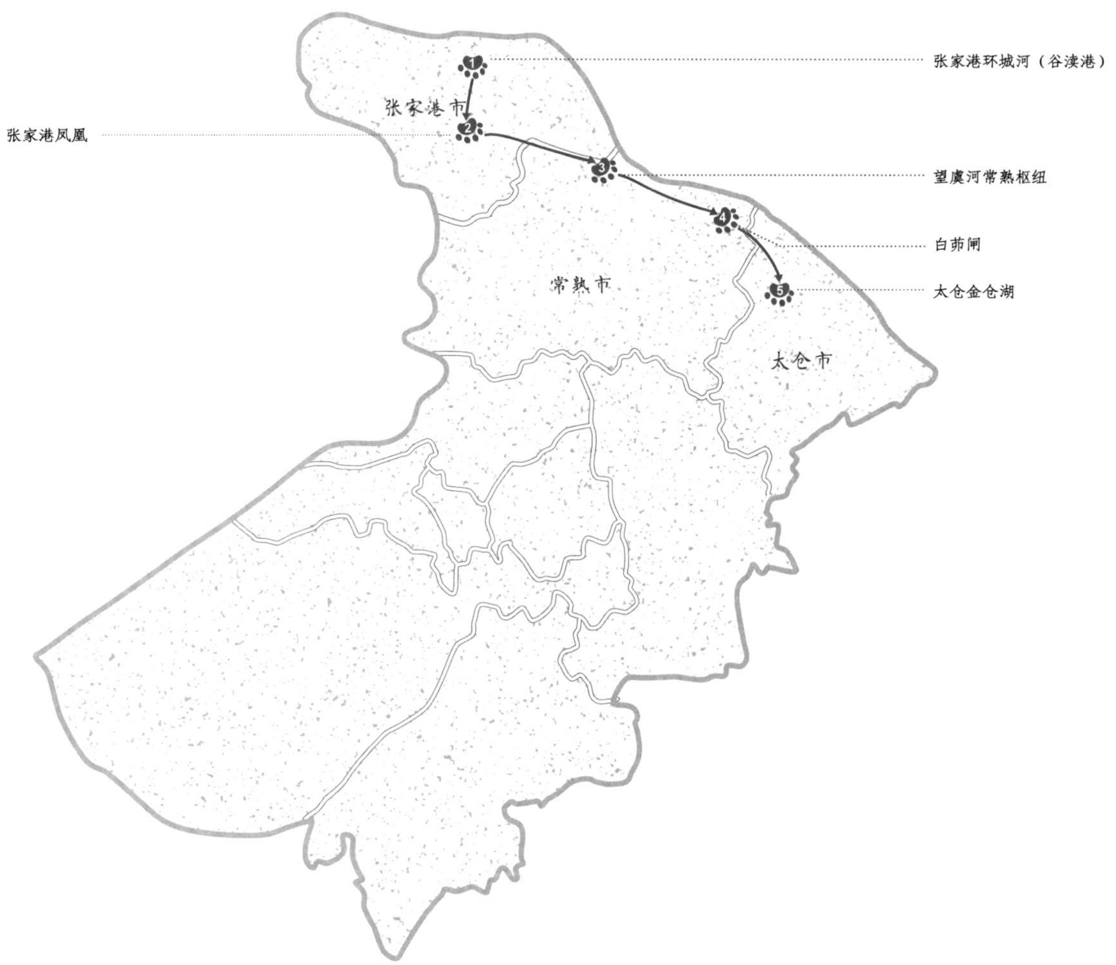

1 张家港环城河（谷渎港）
2 张家港凤凰
3 望虞河常熟枢纽
4 白茆闸
5 太仓金仓湖

| 第一站 |

张家港环城河（谷渎港）

“海头江尾古暨阳，水慕江南绕城歌。”环城河国家级水利风景区位于张家港市区南部，东起新市河—新沙河，西至环城河，南临南二环路，北达东横河，总面积 18 平方公里，其中水域面积近 2 平方公里。景区以朝东圩港水利枢纽、环城河、东横河等为主要依托，将水利工程建设与水环境治理、水景观营造、水文化展示有机融合，绘就了一幅人与自然和谐比邻的锦绣画卷。

通过拓浚整治，水系贯通，景点串联，整个景区形成了“一湖、一港、一园”（暨阳湖水生态景区、谷渎港水文化景区、东横河与沙洲公园人文历史景区）的空间布局，其中素有“港城绿肺”之称的暨阳湖，碧水无垠、百鸟争鸣、游人如织，景区四周的湖滨休闲广场、望湖亭、镜湖生态公园、金沙滩等多处景点都让人流连忘返。沿暨阳湖向北，便是港城的“城市会客厅”谷渎港，这是一条既富有时代特色，又保留杨舍堡城、青龙南桥、水关石碑等丰富水文化遗迹的城市亲水休闲走廊，处处以亭、榭及片墙元素演绎着江南水乡枕河人家的独特风貌。北出谷渎港尽头，是景区的又一条生态观光廊道东横河，而坐落在东横河南岸的“水榭庭院”沙洲公园，更是以小桥流水、亭台楼阁的苏州园林风格见长，园内以树造景、满目苍翠，“沧江书舍”“鉴真东航”等古迹述说着这里深厚的人文底蕴。

张家港环城河

鸟瞰暨阳湖

第二站

张家港凤凰

张家港市凤凰水利风景区位于集“全国环境优美乡镇”“中国历史文化名镇”等众多荣誉于一身的千年古镇——张家港市凤凰镇。景区范围北至新西河—居墩河，南至山前路—吴湖路—庄泾路，东至奚浦塘，西至西凤路，总面积 9.04 平方公里，其中水域面积 1.07 平方公里。景区以凤凰湖、清水廊道、三干河为重要依托，通过拓浚整治与其相连相通的新西河等生态河道，营造水景观，挖掘水文化，形成由凤凰湖水生态景区、奚浦塘水文化景区、凤凰山自然风景区以及河阳山歌馆人文历史景区串联起的“山湖一色、绿脉链城”意象，堪称人与自然和谐共生的“水生态天堂”。

凤凰水利风景区

第三站

望虞河常熟枢纽

望虞河常熟枢纽

望虞河常熟枢纽水利风景区位于常熟市海虞镇——望虞河的入江口，具有防洪排涝、引江济太、改善太湖水环境的作用，是水利工程与江南水乡文化融合的典范。

景区集科普价值和美学价值于一体，以“一星一带三片”为核心打造景观观赏片区。这里蓝天碧水，风光无限；这里水丰草美，白鹭成群。雄伟壮丽的水工建筑、意境悠扬的园林小品、微波荡漾的粼粼水面，在这里相依相伴，勾勒出一幅充满诗意的水乡画卷，谱写了一曲太湖安澜的华美壮歌！

第四站

白茆闸

白茆闸

白茆闸遗址公园位于苏州常熟市碧溪街道东张办事处通闸路东，公园内有白茆老闸一座，操作房一间，附房若干，主体工程于 1936 年竣工，并于 1947 年进行了修复。2009 年，常熟市长江河道管理处对其附属设施进行了修缮，作为遗址公园进行了封闭管理，并于当年被常熟市政府公布为第七批常熟市文物保护单位。

白茆闸位于东张老白茆塘上，该地地势低平，水网交织，年平均降水量为 1054.0 毫米。此地历来就是水利要冲，五代时期人们就在此设闸以御水害，至此以后历代皆在此建闸。清末民初，社会动荡，原来所建之闸皆已毁弃，致使当地水涝灾害十分严重。1935 年，国民政府决定在塘上建白茆闸。白茆闸交由扬子建业公司承建，时任中央博物院建筑委员会委员傅汝霖，以及美国康奈尔大学水利工程硕士、著名水利建筑专家孙世辅等皆参与设计修建，1936 年 1 月 31 日，扬子江水利委员会在常熟举行白茆闸开工典礼，出席典礼的社会各界名流达 300 余人，南京国民政府财政部长的孔祥熙亦在其中，足见当时国民政府对于该闸建设之重视。

第五站

太仓金仓湖

金仓湖水利风景区位于太仓市主城区的东北侧，总面积266公顷，是利用苏昆太高速公路建设集中取土形成的近千亩开阔水面，是通过重新开挖疏浚、生态修复等治理措施，打造的一座以生态为主题、以自行车运动为主要元素的水利风景区。

“城有绿肾水成景，花变新红醉和春。金仓湖前忆明史，郑和出洋此登程。”景区内河塘密布，周边河流纵横，东接长江出海口，西连昆山阳澄湖。骑行在5公里长的红色环湖自行车赛道上，烟波浩渺的千亩湖面和各种风情的绚丽景致尽收眼底。在湖的西畔，百花音乐喷泉姿态万千，如影似幻；10公顷的疏朗草坪，碧绿连天，舒适如毯；富有亲子气息的赤足森林公园，设有主题树屋、风林秋千、沙滩训练营、寻宝河、浮桥、吊桥、水工厂、迷宫探险、欢乐岛等众多游乐设施和体验项目。

“白鹭群栖万顷波，鱼儿与我共江河。琢玉风情多荟萃，珠帘卷雨透人和。流金岁月匆蹉跎，千秋业绩谱长歌。”漫步景区，乔灌相拥，竹影斑驳，草木葱郁。

太仓金仓湖

太仓金仓湖鸟瞰图

江海风华
啬公治水

该线路立足近代水利奠基人——啬公张謇的治水历程，带人们领略江海风华，是外圆内方的如皋城河、形似葫芦的南通濠河，是回荡在青龙港、挡浪墙遗址的拍岸波涛，也是三水交汇处、圆陀角双色海上浮现的最美日出。

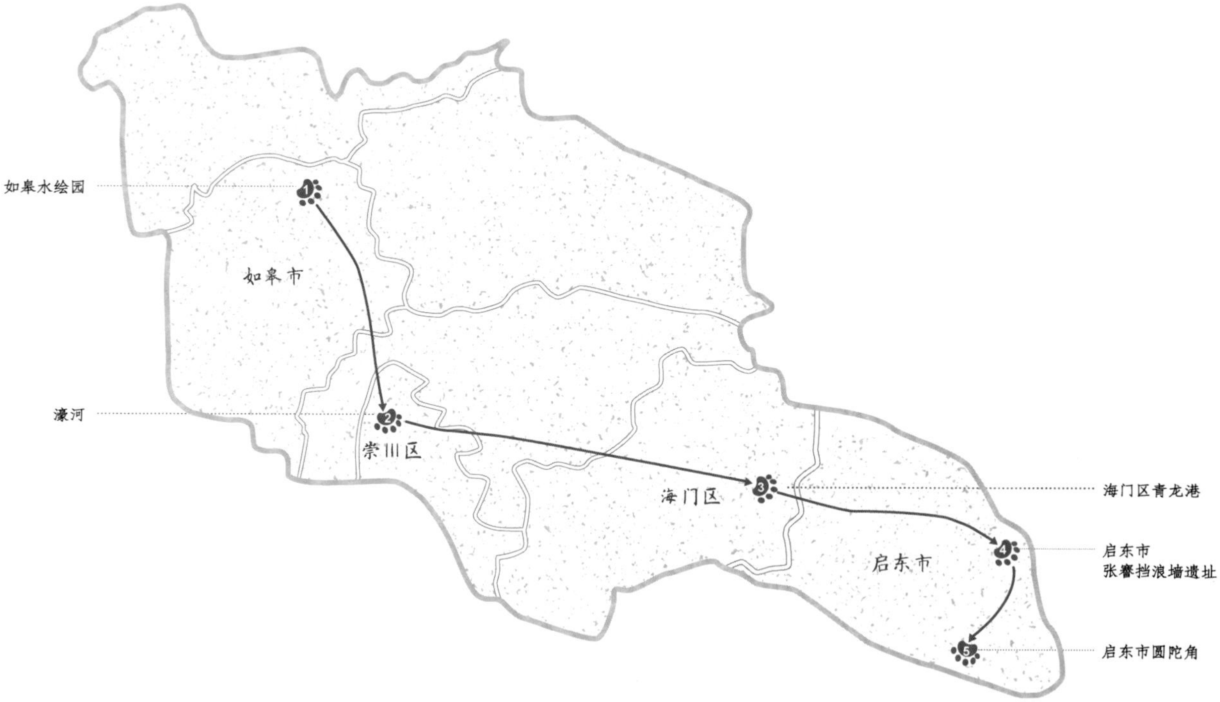
如皋水绘园
如皋市
濠河
崇川区
海门区
海门区青龙港
启东市
启东市
张謇挡浪墙遗址
启东市圆陀角

1
2
3
4
5
如皋水绘园
濠河
海门区青龙港
启东市张謇挡浪墙遗址
启东市圆陀角

第一站

如皋水绘园

水绘园始建于明朝，江南才子冒辟疆曾携秦淮佳丽董小宛在此栖隐过。园内以水为贵，既秀且雅，被誉为“徽派园林的海内孤本”。水绘园包括人民公园、雨香庵和水明楼三个部分，风格独特，古城南北东西的水道都汇集在这个园子里面，它凭借水流在地面上自然而然地形成了一幅美丽的图画。

如皋水绘园

第二站

濠河

濠河是南通的护城河，集自然与人文景观于一体，为国内保存最完整的古护城河之一，景区内保存着由唐代至近代的众多历史文化遗存和丰富的非物质文化遗产，还有颇具规模的环濠河博物馆和一批极具地方特色的旅游项目。

濠河夜景

| 第三站 |

海门区青龙港

青龙港位于南通市海门区南部长江边的青龙河口，由青龙河而得名。清嘉庆年间成为海门境内的“长江第一渡”，光绪年间青龙港与上海客运码头之间开始通航。由于泥沙淤积、航道不畅等原因，青龙港至上海的航班陆续停运，2002 年，青龙港码头的历史使命彻底终结，一张青龙港船票，已成为老一辈南通人的共同记忆。

青龙港

| 第四站 |

启东市张謇挡浪墙遗址

有着“巨龙卧波、挡浪长墙”美誉的挡浪墙位于启东市吕四港镇秦谭镇村老龙皇庙海堤外侧，由清末状元实业家张謇在 1911 年出资，邀请荷兰专家特莱克作技术指导，历经近 10 年修筑而成。最早的挡浪墙是用木板建成的，1930 年改为钢筋水泥结构。墙高 33 米，厚 0.7 米，桩柱两侧中间有凹槽，用于插入闸板挡潮，两柱间隔 1.18~1.8 米，长度为 1585 米。挡浪墙建成后，能够捍海斗潮、防坍兴垦，成为保护垦牧工程和当地居民的坚实屏障，人们称之为“张公水堰”。其西段大部分融入之后修筑的石堤护坡中，现存的挡浪墙遗址长约 500 米，建有遗址公园，很好地保存了遗产原貌。

挡浪墙遗址

| 第五站 |

启东市圆陀角

圆陀角地处长江、东海、黄海三水交汇处，启东市寅阳镇东南角，为江苏省的最东端。这里寅时（凌晨三时到五时）即可见到日出，是观日出的最佳景点。圆陀角也是中国最大的淡水湿地保护区，有长江入海纪念碑、大禹石雕巨像、寅阳楼等景点，“双色海”奇观尤为美丽。

圆陀角・双色海

山水连云 东方桥头

该线路串联花果山大圣湖、“江北九寨沟”渔湾、世外桃源宿城、红色经典夹谷山、江苏最大水库石梁河，春风十里、山水连云，让我们一起感受亚欧大陆东方桥头堡的魅力风情。

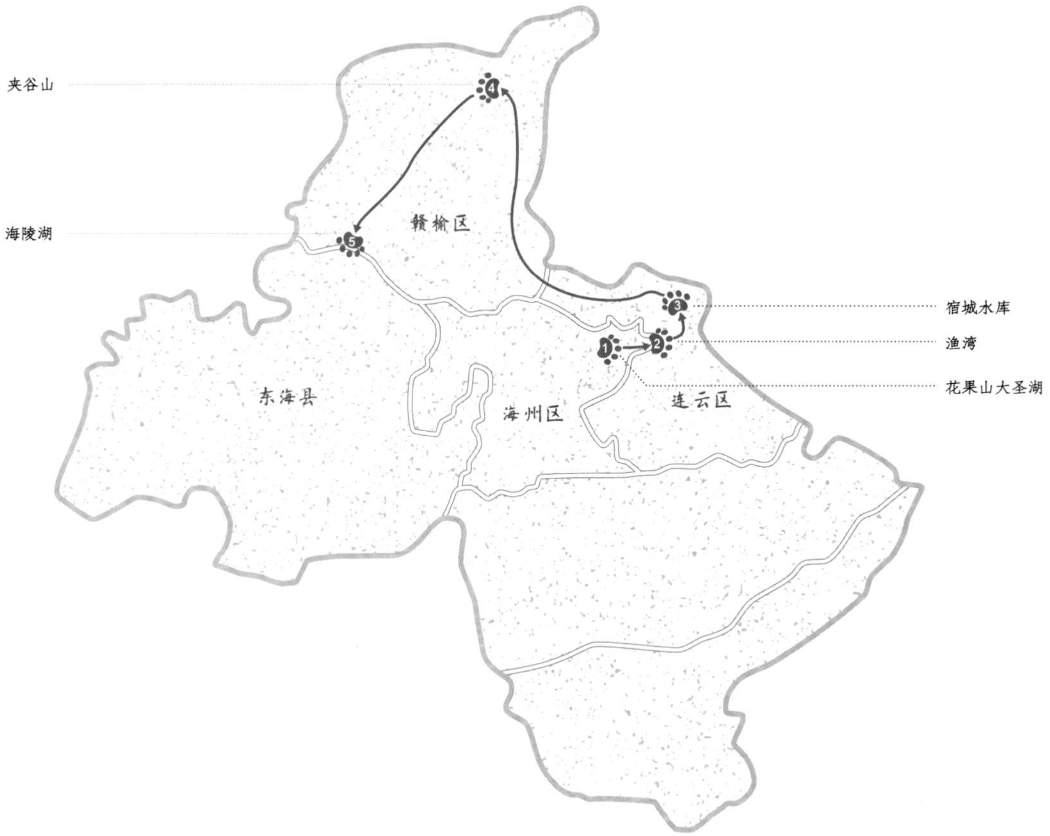
夹谷山
海陵湖
赣榆区
宿城水库
渔湾
花果山大圣湖
东海县
海州区
连云区

花果山大圣湖
渔湾
宿城水库
夹谷山
海陵湖

第一站

花果山大圣湖

大圣湖背依东海胜境花果山，东望千年古刹海清寺，山泉汇集一湖碧水，青山绿水相映生辉。水体清澈，坝体雄伟，镶嵌于群山之中，塔身亭亭，倒影历历，阿育王塔传承着佛教文化。西游神话孕育人文，千年古迹承载历史，它是传统文化与生态文明融合的结晶，是水利工程与湖光山色交织的画卷。

大圣湖・阿育王塔

第二站

渔湾

渔湾水利风景区位于连云港市云台山南麓，景区自然风光秀丽，山涧景观独特，涧中流泉飞瀑，怪石兀立，峡谷幽深，云雾缭绕。渔湾风景区内胜景颇多，有明朝顾乾描写的云台山三十六景中的“三潭汲浪”，有传说中三龙戏水的老龙潭、二龙潭、三龙潭，龙王三太子睡觉的上下龙床，小白龙藏身的水帘洞，都是夏日戏水游乐的好去处。

渔湾

| 第三站 |

宿城水库

宿城水库位于连云港市连云区宿城街道，三面环山、一面临海，水资源文化丰富，有世外桃源之称。风景区以宿城水库为中心，内有枫树湾、万寿涧、乌龙沟、船山、茶园等景点。其中，枫树湾是全国少见的枫树林，夏季林茂叶密，秋天漫山红云；船山三级飞瀑落差大、水势猛、常年不干，而且每级瀑布都与岩洞共生，有着丰富的文化传说。此外，景区内还有法起寺、悟道庵、唐王雕像、抗日石刻等历史文化景点，是集养生、休闲、观光、农家体验等功能于一体的旅游胜地。

宿城水库景区全貌

新罗村遗址

第四站

夹谷山

“山不在高，有仙则名；水不在深，有龙则灵。”夹谷山水利风景区悄然向人们展现着自己独特的魅力。夹谷山水利风景区位于连云港市赣榆县班庄镇，以三八、八一、五四和五一 4 座小（2）型水库为依托，与抗日山风景区、夹谷山观光休闲农业园区巧妙融合，是一处集和平教育、军事体验、农业观光、果蔬采摘、生态休闲等功能于一体的“红绿经典”的水利风景区。

夹谷山・红领巾水库

夹谷山·抗日山风景区

| 第五站 |

海陵湖

海陵湖水利风景区以石梁河水库为依托，为江苏最大的水库。景区山水相依，景色秀丽，水文景观、地文景观、天象景观、生物景观、工程景观等景观资源丰富。海陵湖沿岸郁郁葱葱，湖面碧波万顷，已成为汇集阳光、蓝天、碧水、绿地的田园风光休闲胜地；景区内新沭河、石安河河段杨柳屏立两岸，河中芦苇丛生，鹤鸟竞飞，环境恬静优美。

不同视角下的海陵湖泄洪盛况

鸟瞰海陵湖

安澜看今朝
清口帆影远

该线路以淮水安澜为脉络，细数清江大闸、洪泽湖大堤、水上立交、三河闸等众多古今壮丽水工程，怀揣千里淮河重归于海的世纪梦想，幸福感倍增。

❶ 淮安水利枢纽 → ❷ 清江大闸 → ❸ 洪泽湖大堤 → ❹ 三河闸 → ❺ 天泉湖

|第一站|

淮安水利枢纽

淮安水利枢纽位于江苏省淮安市南郊，苏北灌溉总渠、淮河入海水道与京杭大运河交汇处，建有水（涵）闸、泵站、船闸、水电站等水利工程近30座，枢纽核心区工程密度世界罕见，其中淮河入海水道大运河水上立交规模居亚洲之最，淮安抽水二站立式轴流泵转轮直径为全国之最。淮安水利枢纽水系复杂、工程林立、功能多样、效益显著，堪称“水利工程实景博物馆”。

第二站

清江大闸

清江大闸于明永乐十三年（1415）由首位漕运总兵官陈瑄所建，距今已有600多年的历史，是1700余公里的京杭大运河上唯一一处保存完整的古代石闸。历史上，清江闸是南北运河咽喉地带，位置极其重要，仅漕粮运输量每年就达400万石*，它是我国运河史上具有标志性的工程建筑，反映了我国古代劳动人民的智慧和才能。

*石：古代计算重量的单位，一石约为120斤。

千年清江大闸

第三站

洪泽湖大堤

洪泽湖大堤始建于公元200年，古称捍淮堰、高家堰，位于淮安市境内，北起淮阴区马头镇，南抵盱眙县马坝镇，全长67.25公里，是世界上仍在使用的最古老、最长的堤坝合一水利工程。洪泽湖大堤是全国重点文物保护单位，并作为大运河的重要节点入选《世界遗产名录》。

洪泽湖大堤

| 第四站 |

三河闸

三河闸位于江苏省淮安市洪泽区与盱眙县交界处、洪泽湖东南角，是淮河入江水道的控制口门，是淮河流域性防汛抗旱骨干工程。它是中华人民共和国成立初期我国自行设计施工的大型水闸工程，拦蓄淮河上中游 15.82 万平方公里的来水，被誉为“千里淮河第一闸”。

三河闸

|第五站|

天泉湖

天泉湖坐落于淮安市盱眙县，林海深深，群山环抱。这里不仅水质资源极好，常年保持在Ⅱ类饮用水标准以上，而且拥有千年古刹铁山寺、中国科学院紫金山天文台盱眙观测站等文化资源，还有“亚洲最美星空”之美景，是亲水、观星、赏景的不二选择。

天泉湖

吾心向往 五渎归海

该线路围绕射阳港、斗龙港等古盐渎地区入海通道的治理成效，在欣赏里下河地区水草丰茂、风光旖旎特色的同时，还可追溯串场河开挖的盐运故事，体悟修筑海堤阻潮水入侵的为民情怀。

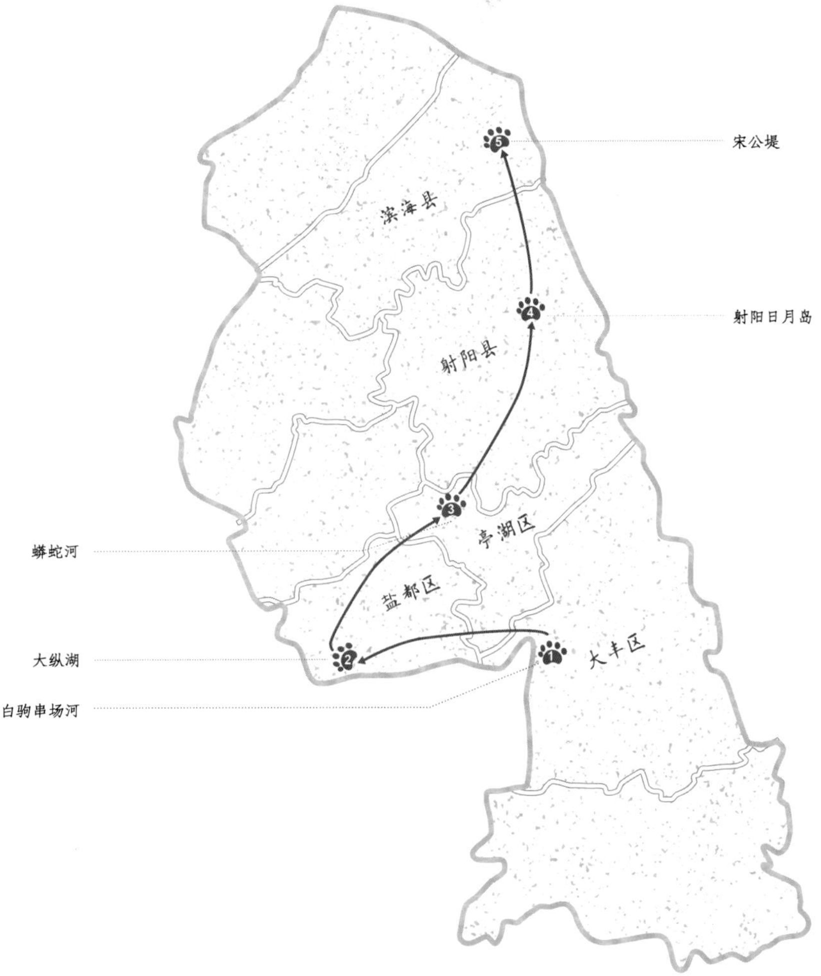

1 白驹串场河
2 大纵湖
3 蟒蛇河
4 射阳日月岛
5 宋公堤

第一站

白驹串场河

串场河历史悠久、水文化底蕴深厚，它是里下河地区“下河”之方位标界。其贯穿江苏中部盐城市三分之二市域，长约 180 公里，大丰段全长约 41.6 公里，是盐城、大丰的母亲河。从唐李承兴建捍海堰，筑堤取土，河段初成，到宋范仲淹重修捍海堰，在其基础上贯穿南北复堆河形成河道，一条河见证了历代人民不断修筑海堤挡潮的沧桑历史。白驹串场河水利风景区地处大丰西南部的白驹镇，主要依托串场河、三十里河环绕茅家园、花家垛、施家垛而建。目前景区重点开发建设了花家垛施耐庵文化核心区、串场河古盐运文化体验区等景点，充分展示“海盐古镇、施公故里、水浒原乡”独具特色的文化魅力。

白驹串场河

| 第二站 |

大纵湖

“半湾活水千江月，一粒沉沙万斛珠。”大纵湖坐落在盐城市西南的大纵湖镇，形成于南宋时期，至今已有800余年历史。景区已建成入口广场、水上风情、历史人文、佛教文化、芦苇迷宫、湿地观光等六大功能区50多个景点及游乐设施。巧夺天工的芦荡迷宫，被吉尼斯世界纪录评为“世界最大的芦荡迷宫”。矗立在芦荡迷宫以北的兴湖塔、龙兴寺、水上观音等景点，是出游朝拜、求福祈愿的好去处。景区还建有古代“二十四孝”石碑林、大书法家宋曹纪念馆、三国名士“建安七子”之一陈琳之墓、“扬州八怪”之一郑板桥坐馆授徒书屋以及红色教育基地新柳堡村等众多人文景点，是盐城市知名的水旅景点、红色研学打卡点。

大纵湖·芦荡迷宫

| 第三站 |

蟒蛇河

蟒蛇河是盐城市的水源地，位于新洋港上游，是大纵湖最主要的出水口，河流直穿盐城市区，从东北方向直入东海，全长 50 多公里，她是盐城人的母亲河。依托蟒蛇河，盐城市政府开发建设了蟒蛇河风光带水上文化生态廊道。这条廊道西接大纵湖，东连新洋港，全长 31.8 公里。蟒蛇河风光带水上文化生态廊道依托里下河人文底蕴，以沿河乡村自然生态为特色，围绕河道生态、绿道观光、旅游发展、文化传承、产业完善五个方面，集水利安全、生态修复、休闲健身、乡村旅游等多种功能于一体，是盐城市文化旅游新名片。

蟒蛇河

|第四站|

射阳日月岛

日月岛位于盐城市射阳县县城东侧，依托射阳河、射阳河闸、日月岛、明湖及其外侧生态廊道而建，集生态康养、亲水游憩、水利研学等功能于一体。日月岛水利风景区整合射阳河、射阳河闸、明湖、息心寺等水利工程和风景文化资源，融合了水文化与射阳历史文化。值得一提的是，景区内的水利遗产射阳河闸宛如一条彩虹，横卧于射阳河上，它的上游是碧波荡漾的射阳河，下游是浊浪排空的黄海水，河海一闸之隔。闸上人来人往，车水马龙；闸下桅杆林立，百舟竞发。在桥墩上还题有毛泽东同志“一定要把淮河修好”的号召。登上瞭望台，可观海上日出，看港口码头，嗅着带有海腥味的空气，望着射阳河水奔涌入海的壮观景色，别有一番风味。

射阳日月岛

|第五站|

宋公堤

千百年来，江苏盐城地区的沿海人民饱受海啸之苦，百姓生活艰难，民不聊生。直到1941年，抗日民主政府阜宁县县长宋乃德率民众修筑捍海大堤，沿海人民才得以免受如此灾难。这条大堤就是后来的“宋公堤”，它北起滨淮镇的头罾中山河口，南至原振东乡的扁担港，从南到北全长45公里，贯穿滨淮、滨海港、振东等三个乡镇。宋公堤的筑成是抗日战争期间，中国共产党领导下的抗日民主政府造福沿海地区人民的伟大壮举。

宋公堤

为了铭记宋乃德为修筑沿海大堤作出的卓越贡献，为了铭记中国共产党、新四军和抗日民主政府在苏北兴建的最早、最伟大的水利工程，盐阜沿海各界决定效法过去的“范公堤”的命名方式，将这道海堤称为“宋公堤”，并在海堤上立起一块纪功碑，将以宋乃德为代表的共产党人全力筑堤的事迹，刻在了宋公碑上。

宋公堤鸟瞰图

阅千年 思源头

该线路紧扣源头文化，深入南水北调东线源头见证一江清水北送，探寻邗沟开凿启始，感悟“三湾抵一坝”的水工智慧，阅历千年，瓜州古渡江月年年，治水情怀赓续不变。

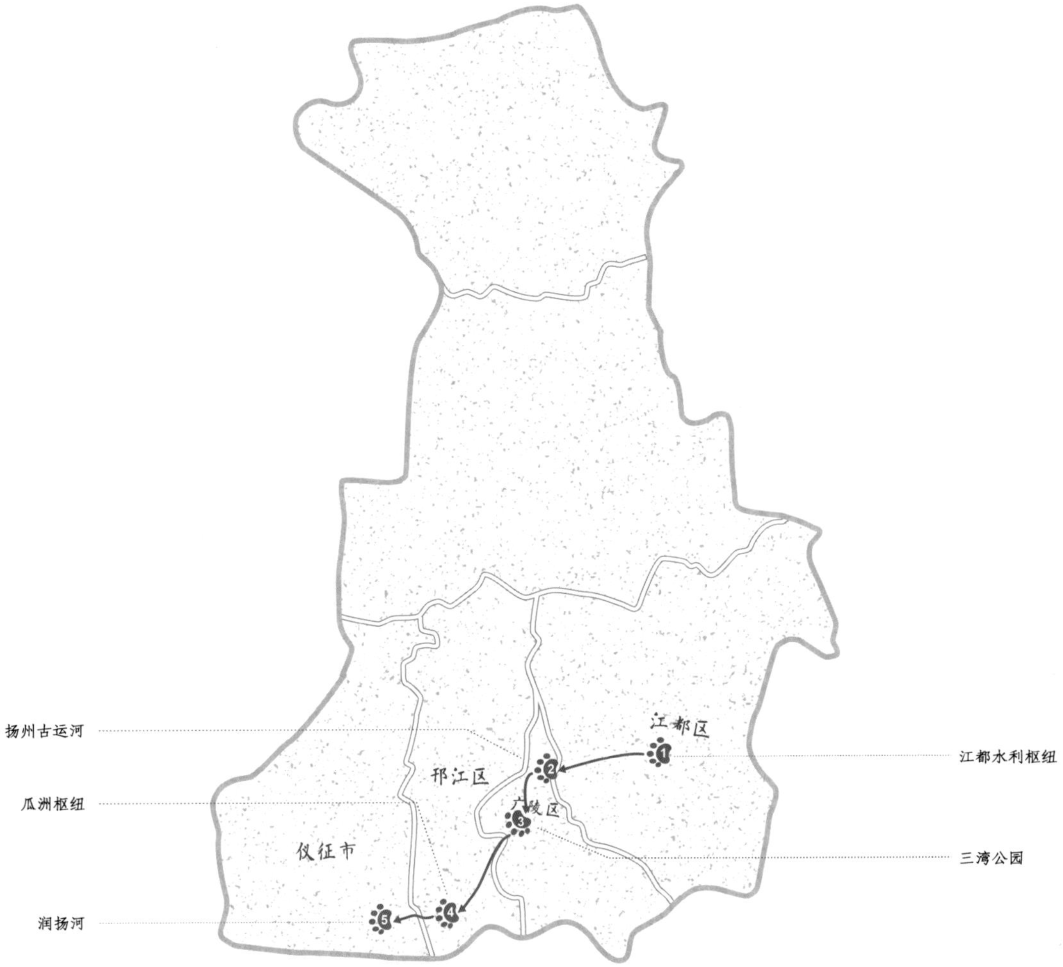

1. 江都水利枢纽
2. 扬州古运河
3. 三湾公园
4. 瓜洲枢纽
5. 润扬河

第一站

江都水利枢纽

江都水利枢纽是国家南水北调东线工程的源头，其中，江都抽水站规模和效益为东亚之最，世界闻名。江都水利枢纽水利风景区宏伟的水利工程、丰富的自然植被、秀美的江河水景独具一格。从空中俯视，景区四面环水，闸站相连，气势磅礴，犹如水中巨龙；步入其中，佳木葱郁，鸟语花香，亭榭楼台，好似世外桃源。

江都水利枢纽航拍图

|第二站|

扬州古运河

千载运河水悠悠，兰舟画舫歌不休。扬州古运河地处长江下游北岸、江淮交汇之处，依托古运河与扬州闸而建，沿岸踏步，可以“唐宋元明清，从古看到今”；徜徉其间，览一川碧波如镜，观广厦连云，迷楼水中弄影。一城一河一水系，全长近30公里的扬州古运河，历史遗存丰盛，人文经典纷呈，亲水设施完整，水色风光充盈，诗情画意弥漫，胜却“东方威尼斯”。

左图　扬州古运河
右图　中国大运河博物馆

第三站

三湾公园

扬州运河三湾段，是古代扬州城南的水陆门户，更是古人尊重自然、顺应自然、利用自然的伟大水工遗址。明万历年间，扬州知府决定将原本近 200 米长的运河直道，改造成 1800 米的“几”字形弯道，是为“三湾”，以此蓄积河水、减缓水流，保障船运安全。2014 年，由扬州牵头的大运河联合申遗项目申遗成功，三湾片区作为古运河的一部分，被列入《世界遗产名录》。

运河三湾

第四站

瓜洲枢纽

“京口瓜洲一水间，钟山只隔数重山”，王安石的七言绝句，让瓜洲与扬州千古流传。瓜洲枢纽国家水利风景区位于扬州市古运河南端、仪扬河流域东南，以瓜洲泵站、瓜洲闸为依托而建设，突出古渡、长江及水利文化的融合，既是展示扬州水文化形象的窗口，又是独具吸引力的滨江公园。

瓜洲泵站

瓜洲枢纽水利风景区全景

|第五站|

润扬河

润扬河位于扬州市邗江区和开发区交界处，北接仪扬河，南通长江，全长8.24公里，是扬州城市西部防洪圈的重要河道。景区内河堤绿化面积近70万平方米，绿化覆盖率达98.6%，沿线步步皆景，拥有扬州水利展示馆等重要景观节点，“堤防草绿花绕，河畔白鹭翩飞”，润扬河已成为扬州市民喜爱“打卡”的幸福河。

润扬河闸

水润京口 情渡西津

该线路以江河交汇为特色，以水漫金山的故事为源起，于西津渡、京口闸、谏壁品读运河口门的历史变迁，随汽渡踏上江心沙洲，于潮起潮落间品味沧海桑田的变化。

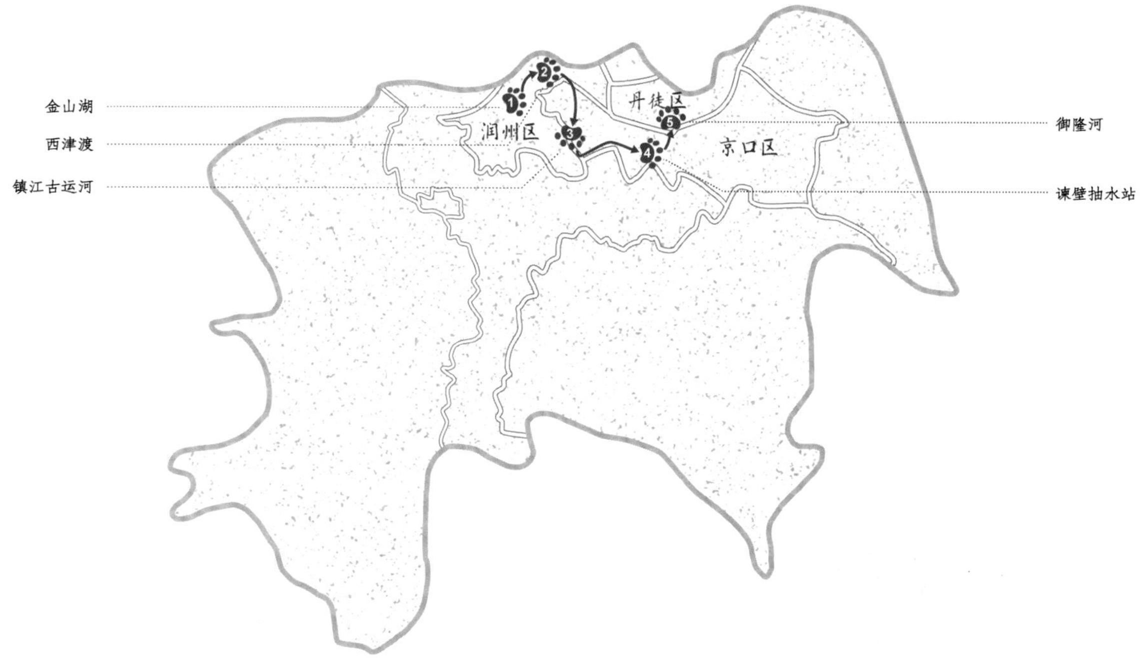

❶ 金山湖 → ❷ 西津渡 → ❸ 镇江古运河 → ❹ 谏壁抽水站 → ❺ 御隆河

第一站

金山湖

金山湖水利风景区位于镇江市区金山西北部，依托金山湖退渔还湖及防洪工程建设，这里流传着白娘子和许仙的动人爱情传说。站在镇江中山北路延伸段向西望去，巍巍慈寿塔剑指蓝天，塔前是一片波光粼粼的金山湖，宝塔倒映在如镜子般平坦的湖面上，迷人水景堪称“淡妆浓抹总相宜”。

金山湖

| 第二站 |

西津渡

西津渡位于镇江城西的云台山麓，北邻长江，是连接江南江北的重要渡口，与扬州的瓜洲古渡隔江相对，“京口瓜洲一水间”描述的正是这样一番繁盛景象。在历史的长河中，因淤泥上涨，河岸逐渐北移，渡口下移至虞山脚下的潮安寺。当年的西津渡，如今距离长江 300 多米，游人如织，却再无船可渡，但是西津渡历史文化街区却得以保留，成为镇江这一历史文化名城的“文脉”所在。

左图　西津渡
右图　镇江古运河

第三站

镇江古运河

镇江位于长江和运河的交汇处，是京杭大运河长江以南河段（称为“江南运河”）的起点。现在的镇江古运河主要指从镇江市主城区入江口到谏壁三叉河口河段（全长约 17.43 公里），担负着城市防洪排涝、调节水位、传承文脉和游览观光等功能。镇江古运河历史文化内涵极其丰富，已建成十里画廊。河道三弯九曲，穿城绕山，京口闸古运河历史文化展示室、余福里、宋元粮仓遗址、河滨公园、宝塔山公园、珍珠广场等景点缀列其间。

|第四站|

谏壁抽水站

镇江市谏壁抽水站位于镇江市东郊江南运河入江处，以“苏南第一站”——谏壁抽水站为依托，以水利科普宣传、古今治水文化、自然生态景观为重点，建有大禹堂、治水浮雕文化墙、乌桕大道、“柳浪帆影”、“水车印象”、“饮水思源”等多处景点，已成为人们了解治水历史、参观现代水利工程、休闲观光的好地方。

谏壁抽水站

加强工程管理
造福湖

谏壁抽水站大禹堂

谏壁抽水站

|第五站|

御隆河

御隆河水利风景区位于镇江市丹徒区江心洲生态农业园区内，景区所处的江心洲四面环江，由明末浮澄沙洲发展而来，曾被乾隆赐名“御隆辅沙洲”，建有江心排涝总站和橘江里旅游区。景区主要水体为御隆河，通过实施生态提升项目形成特色景观廊道。景区现有游船码头、滨水栈道、橘江广场、橘江绿岛、坍江记忆等景观节点，是主打农业观光、生态文化、江岛休闲特色的一处景区。

垛上的花
凤城的河

该线路从里下河腹地一直到长江岸边，让人感叹凤城的河千姿百态，湖荡迷宫、河汊纵横、千年城河、水上“高速”引江河……最值得一去的还数世界灌溉工程遗产——千垛。

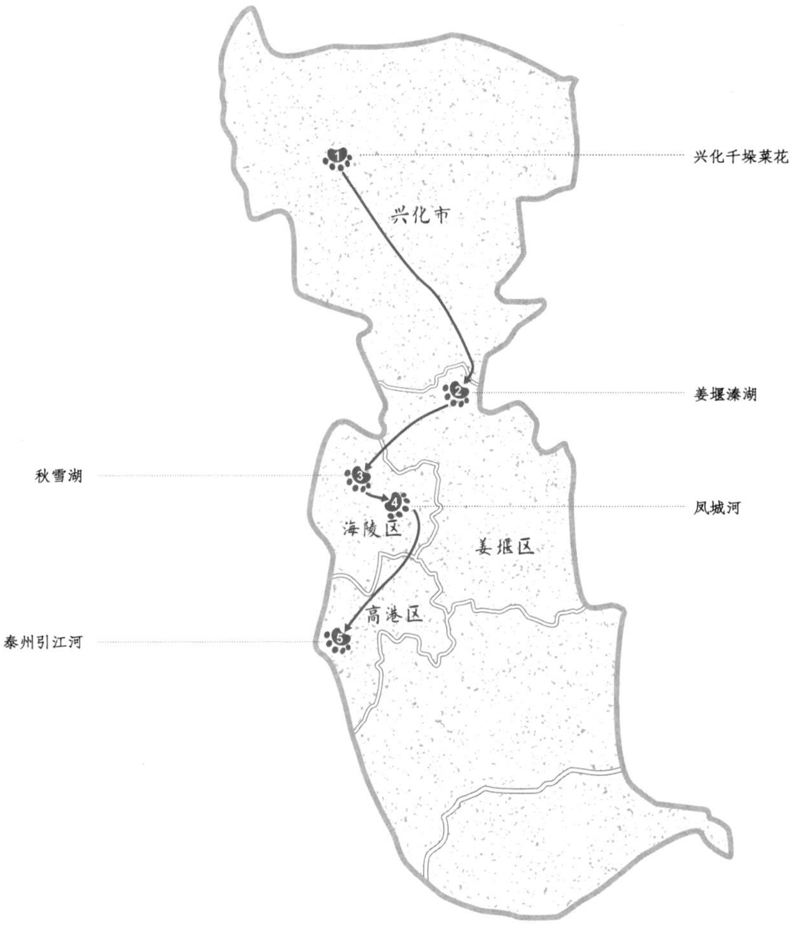

❶ 兴化千垛菜花 → ❷ 姜堰溱湖 → ❸ 秋雪湖 → ❹ 凤城河 → ❺ 泰州引江河

| 第一站 |

兴化千垛菜花

“垛”是里下河地区独有的一种农业景观，每年清明时节，兴化千垛景区四面环水的“垛田”上长满了金黄色的油菜花。一幅“油菜花开金满地”的壮阔美景，吸引了众多前来观光的游客。“河有万湾多碧水，田无一垛不黄花”描述的正是千垛的胜迹美景，2022 年兴化垛田灌排工程体系入选《世界灌溉工程遗产名录》。

千垛菜花

| 第二站 |

姜堰溱湖

溱湖因形似展翅高飞的喜鹊而又名“喜鹊湖”。这里河网纵横，沟塘棋布，从四面八方通达湖区的主要河流有9条，形成“九龙朝阙”的奇观。景区湖泊湛蓝、河网交织、洲滩岛屿星罗棋布，水利风景与水乡民俗交相辉映，溱潼会船节被吉尼斯世界纪录认证为“世界上最大的水上庙会”。

大美溱湖

第三站

秋雪湖

秋雪湖地处泰州城区东北部，里下河平原南缘，地势低平、湖荡相连、水网密布，保留着原始的生态风光、湿地风情。800 多年前，岳飞曾驻军在此，摆过“八卦阵”抗击金兵。革命时期，泰州的共产党组织最早的领导人沈毅也在南舍进行过革命宣传，至今遗址尚存。来到秋雪湖，游客能够沉浸在历史的长河中，感受诗与远方的浪漫情怀。这里鸥鸟翔集，绿树成片，湖幽水静，赏一路湿地美景，体验一回亲水采菱，感受一把生态采摘，尝一桌农家土菜，在渔歌唱晚中寻觅世外桃源，在湿地氧吧里追忆梦里水乡。

美在秋雪湖

凤城河

|第四站|

凤城河

凤城河坐落在泰州市中心，享有“中国最美古城河”的美誉，是一个以泰州古城为基础，汇集了泰州盐税、戏曲、民俗、商贾四大特色文化，以重要水利遗址（宋代排水涵）、水城水乡文化以及古典园林群为特色，集中展示泰州水文化、水环境、水资源、水景观的重点景区，是游客在泰州城区寻觅水文化的好去处。

| 第五站 |

泰州引江河

泰州引江河是国家南水北调的水源工程之一，也是江苏江水北调东引的战略工程，南起长江，北接新通扬运河。引江河以水利工程自然风光为依托，以现代与传统水利文化为内涵，构建了“桃李争春，绿荫护夏，枫叶染秋，红梅暖冬”的美好风光。

泰州市引江河水利风景区主要建有棋园、琴园、绣园、江之春音乐雕塑、渔之歌组合雕塑、水之韵现代雕塑、引江河工程纪念广场、音乐喷泉广场、岳家军抗金印象、汇舟湾江上游、三月潭水上乐园、雁鸣桥、涌莲桥、滋北亭、仰岳亭以及柴墟冈等众多自然景观和人文历史景观。气势磅礴的水利工程、风光旖旎的自然景色、独具特色的文化景点，构成长江边一道亮丽的风景线。

泰州引江河 · 高港枢纽

枕水而梦 河湖相依

该线路中的运河与骆马湖相互依傍，强大的水治理能力，让寄托于龙王安澜息波的水神崇拜已成往事，现代“大禹”甘守工程，让这座“一宿搬迁”的城市枕水无忧。

1 省皂河枢纽 → 2 龙王庙行宫 → 3 皂河古镇 → 4 宿城区古黄河 → 5 宿迁六塘河

| 第一站 |

省皂河枢纽

省皂河水利枢纽位于江苏省宿迁市皂河镇北约 5 公里处的骆马湖西岸，是南水北调东线第一期工程第六梯级泵站，是南水北调东线抽水入骆马湖的骨干工程之一。该枢纽在泗阳站、刘老涧站扩建的基础上，利用中运河串联洪泽湖和骆马湖，形成洪骆区间的输水通道，并承担着宿迁、徐州两市沿湖地区工农业和城市生活用水、京杭运河航运用水以及黄墩湖地区的排涝任务。这颗明珠巍然屹立于骆马湖边，其工程景致雄伟壮观，气势恢宏，大气磅礴。皂河抽水站被誉为“亚洲第一泵”。

省皂河枢纽“泵魂”广场一隅

省皂河枢纽“泵魂”广场鸟瞰图

| 第二站 |

龙王庙行宫

龙王庙行宫，原名为“敕建安澜龙王庙”，始建于清顺治年间，改建于康熙二十三年(1684)。后经雍正、乾隆、嘉庆等各代皇帝的不断复修和扩建，形成了四院三进封闭式合院的北方官式建筑群。乾隆皇帝六次下江南，曾五次驻跸于此，并建亭立碑、帑金修缮，因此民间又将龙王庙行宫称为“乾隆行宫”。龙王庙行宫布局严整，规模宏大，轴线分明，左右对称，雄伟壮观，惹人赞叹，现为全国重点文物保护单位。2014 年 6 月，龙王庙行宫（乾隆行宫）被列入《世界遗产名录》。

龙王庙行宫

| 第三站 |

皂河古镇

“皂河”原是一条河的名称，是发源于山东郯城的墨河的支流，南入古京杭大运河，因水底土色发黑而得名。清康熙十九年（1680），总督靳辅开旧皂河口，皂河古镇因此成为大运河南北漕运要道，商贾行船不绝，逐渐成为宿迁西北部经济贸易中心和水陆交通枢纽、运河名镇、苏北重镇，是苏北、鲁南、皖北极负盛名的集贸中心。曾任河南道直隶州判的卢盛芝，归里后在集市周围筑圩防寇，遂有“皂河镇”之设。1999 年，皂河镇被江苏省政府列为江苏省首批 222 个重点中心镇之一。皂河古镇内遍布大量文物古迹、遗址，如陈家大院、合善堂、财神庙等明清建筑。

皂河龙运城

| 第四站 |

宿城区古黄河

宿迁宿城古黄河水利风景区以古黄河水利工程为依托，分为“印象黄河”“水景公园”“雄壮河湾”三个部分，先后建成朱瑞将军纪念馆、宿迁“英雄园”等爱国主义主题场馆，以反映新时期的黄河精神为特色，营造崇尚英雄、学习英雄、争当英雄的红色精神，是融自然与人文景观为一体的大型生态园林。

宿城古黄河水利风景区全景

夕阳下的宿城古黄河水利风景区

| 第五站 |

宿迁六塘河

六塘河水利风景区位于宿迁市宿豫区境内，内有“动力”雕塑、老翻水站遗址、老油库遗址、松涛大道、亲水栈道、运河湾码头、运河湾“扬帆运转”水泵雕塑区、现代化泵站、运河往事水景广场、宿迁水利丰碑人物雕塑群等十余个景点，生动地向游客展示了宿迁由洪水走廊到鱼米之乡的艰辛治水历程。

六塘河水利展示馆

运河往事水景广场